CIMETIÈRE D'EL-KSEUR.

LA DOMINATION FRANÇAISE DANS LES AURÈS

I

L'histoire de la conquête de l'Algérie par les Français est une épopée qui n'a pas encore d'Homère. Et cependant, quel sujet magnifique ! Héros, exploits, épisodes, scènes passionnantes, conflits glorieux, péripéties grandioses, tout y revêt cette splendide couleur du merveilleux qui caractérise les faits et les actions épiques. Le rhapsode grec, pour chanter son *Iliade*, a pu se borner à immortaliser quelques événements choisis parmi ceux de la lutte gigantesque entre Hellènes et Troyens en sculptant le drame dans un marbre impérissable où se groupent quelques-unes des figures superbes qui, vainqueurs ou vaincus, y jouèrent un rôle dont les siècles s'enthousiasmèrent. De même un poète français moderne, pour traduire les annales algériennes en une forme homérique, pourrait se contenter d'y prendre un seul chapitre, et dans celui-ci les personnages héroïques qui furent semblables par le courage aux Achille et aux Hector. Nous voulons parler de cette campagne des Aurès, commencée contre Ahmet, l'ancien bey de Constantine, et Mohammed-Seghir, l'ancien lieutenant d'Abd-el-Kader, par le duc d'Aumale, puis continuée par Bugeaud et terminée par Canrobert, qui fit brûler Naro, comme Troie avait été livrée aux flammes.

II

Les Aurès sont ce massif montagneux qui se dresse au sud de la province de Constantine, entre les hauts plateaux et le désert. Les populations qui habitent cette région remontent à une haute antiquité. Sous les Romains ce pays prit un puissant développement. Les villes y rivalisaient de luxe et de richesse, l'agriculture y était florissante. Les colons, soldats de Rome, vétérans ayant reçu un lot de terre pour prix de leurs services, ou citoyens envoyés par la métropole (*coloni ab urbe missi*), s'y livraient à l'élève du bétail et à la culture de l'olivier et y faisaient fortune. Des voies stratégiques reliaient entre elles les places fortes, qui constituaient aussi les centres du commerce. Zambèze, Timgad, Krenchela, Baghaï, Tebessa, Biskra, Thouda, Négriné, Ghadamès datent, sous des noms latins maintenant plus ou moins modernisés, de cette époque lointaine. Cette prospérité subsista jusqu'à la chute de l'empire romain d'occident. Alors Rome vit ses provinces d'Afrique, greniers d'abondance, envahies par les Vandales qui s'emparèrent de Carthage et y occupèrent les palais des proconsuls. Justinien, après l'écrasement de la faction des Verts à Byzance, conçut la pensée de reconquérir l'Afrique et chargea Bélisaire de vaincre le roi des Vandales, Gélimer. Tâche facile au demeurant, puisque les Africains étaient divisés entre eux. En effet, l'autorité de Gélimer ne s'étendait que sur les grandes plaines du littoral. Les montagnards, et ceux de l'Aurès surtout, ne reconnaissaient sa suzeraineté que nominalement. En outre, une scission profonde les armait les uns contre les autres. Dans le nord, avoisinant la Numidie, les tribus indépendantes avaient pour chef Iabdas ; dans le sud, sur les confins du désert, elles obéissaient à Orthaias. Ce dernier se tourna vers Byzance. Les 15,000 hommes qui débarquèrent, dans ces conditions, en Afrique, avec Bélisaire, n'y eurent qu'à infliger deux défaites successives aux Vandales pour mettre fin à la puissance de Gélimer. Fait prisonnier, il fut emmené à Constantinople où il orna le triomphe des vainqueurs.

La soumission des Africains, et principalement de ceux des monts Aurès, n'était toutefois pas sincère. A peine le général de Justinien parti, une insurrection éclata. Elle ne fut réprimée qu'en apparence. Salomon, qui avait succédé à Bélisaire, ne fit que refouler les rebelles dans la montagne, où ils se dérobèrent à la poursuite, et plusieurs années s'écoulèrent avant que les Byzantins, en guerre incessante avec Iabdas, eussent remporté des avantages réels. Iabdas se sauva en Mauritanie, où il répara ses pertes. Il savait combien l'armée qui l'avait vaincu était indisciplinée, vénale et peu redoutable, pourvu qu'on la gagnât par l'or et la corruption. Aventuriers et mercenaires, ramassis de toutes les nations barbares, commandés par des généraux prêts à toutes les trahisons, ces soldats offraient leur bras à qui le payait le mieux. Iabdas n'eut pas grand mal à se faire réintégrer par eux dans ses États.

Mais d'autres ennemis allaient paraître. Les Arabes, qui n'avaient fait d'abord qu'opérer quelques razzias, se montrèrent plus menaçants lorsque, vers la fin du VIIe siècle de notre ère, ils formèrent le dessein de subjuguer tout le Maghreb. La bataille livrée près d'Erba fut le point de départ de la domination musulmane sur les indigènes des Aurès. Okba-ben-Nafa, traînant à sa suite leur chef Koceila, son captif, promena l'armée arabe de victoire en victoire jusqu'à l'Océan, seul capable de l'arrêter. Les vaincus s'humilièrent devant lui mais attendirent l'heure de la revanche. Elle sonna bientôt. Okba-ben-Nafa ayant eu, dans sa présomption, la témérité de pénétrer dans les monts Aurès avec une poignée d'hommes, et croyant n'y trouver aucune hostilité, fut tout à coup assailli par les montagnards, sous la conduite de Koceila, qui s'était évadé du camp musulman (1). Les Arabes, malgré des prodiges de valeur, succombèrent au nombre, et Okba-ben-Nafa périt avec tous ses compagnons (2).

(1) On montre encore son tombeau dans l'oasis qui porte son nom, à peu de distance de Biskra.
(2) Koceila mort, Sihia ou Samia, qui gouvernait la tribu zénatienne des Djeraoua, fut mise à la tête de la confédération berbère. De religion juive, comme la tribu à laquelle elle appartenait, elle portait le surnom de *Kahéna* (ou plutôt *Kohéna*, féminin du mot hébreu *Kohen*, qui veut dire prêtre — la prêtresse — que ses ennemis les Arabes avaient traduit par « la sorcière »). Les légendes nationales ont entouré sa jeunesse de récits merveilleux. Douée d'une grande beauté, elle était recherchée en mariage par les chefs les plus puissants et repoussa les offres d'un jeune homme que son caractère cruel et ses habitudes de débauche lui rendaient particulièrement odieux. Son père, chef suprême de la tribu, étant mort, ce fut ce prétendant évincé qui lui succéda. Il fit peser sur ses sujets la plus insupportable tyrannie. La Kahéna forma le projet de délivrer son peuple du monstre qui l'opprimait. Nouvelle Judith, elle lui plongea un poignard dans le sein. La libératrice fut immédiatement nommée reine par ses compatriotes reconnaissants. Mais le patriotisme de la Kahéna ne se trouva pas satisfait d'avoir rendu la liberté à sa tribu. Il fallait maintenant la conduire au combat contre l'envahisseur musulman. Elle prit une part active au soulèvement qui coûta la vie à Okba, et, après la mort de Koceila, ce fut vers elle que se tournèrent toutes les tribus berbères, qu'elle parvint à réunir en un faisceau. Le général arabe Hassan, qui venait de détruire une dernière fois Carthage (693), se dirigeait avec une armée vers les Aurès.
La Kahéna marcha à sa rencontre. Ce fut dans la grande plaine qui s'étend au nord des montagnes que le combat eut lieu, sur les bords de l'Oued-Nini, à quelques kilomètres de l'endroit où s'élève aujourd'hui la ville française d'Aïn-Brida. Les Berbères, électrisés par le courage de leur reine, remportèrent une éclatante victoire et forcèrent les Arabes à s'enfuir jusqu'en Tripolitaine.
La Kahéna, instruite par l'expérience du passé, comprit que les Musulmans vaincus reviendraient en plus grand nombre, aussi longtemps qu'ils trouveraient en Afrique de quoi satisfaire leur passion pour le pillage. Elle résolut de rendre leur retour inutile en ruinant toutes les villes dont les richesses pouvaient tenter leur cupidité, et elle donna l'ordre de tout détruire dans la plaine et d'entourer ses montagnes d'un désert, qui serait la barrière la plus efficace à opposer aux envahisseurs. Malheureusement pour l'Afrique, cette exaltation sublime de patriotisme ne fut pas comprise des Berbères, qui ne parvinrent jamais à s'élever jusqu'à la notion d'une nationalité commune réunissant toutes les tribus établies sur le même sol. Ils ne virent que le dommage momentané que leur causaient les ordres de la Kahéna, et dès lors se détachèrent en grand nombre de sa cause. Les Arabes furent bientôt instruits de la situation du Maghreb. Un jeune musulman, Khâleb, fait prisonnier dans un combat, et que la Kahéna avait adopté, comblé de bienfaits et élevé avec ses propres fils, faisait passer à ses compatriotes des avis secrets. En l'an 703, le général Hassan, à la tête d'une armée nombreuse, tenta de nouveau la conquête de l'Aurès. Il se dirigea en ligne directe vers la montagne par Gabès et Gafsa, et y pénétra probablement par le versant méridional. A la nouvelle de son approche, la Kahéna appela les Berbères aux armes. Cette fois, sa voix ne fut pas écoutée. De rares contingents répondirent seuls à ses appels désespérés. L'héroïne comprit alors que c'en était fait de l'indépendance de son pays. On l'engageait à prendre la fuite ; elle repoussa ces lâches conseils, et, réunissant ses derniers fidèles, elle se prépara à périr dignement.
Toutes les amertumes lui étaient réservées ; après avoir vu le peuple berbère l'abandonner au moment de la lutte suprême, elle eut la douleur de voir son fils adoptif la trahir au dernier instant. Khâleb eut l'ingratitude de passer

Koceila sut mettre son succès à profit. Il délivra l'Afrique du joug de l'Islam par la prise de Kairouan, et fonda son règne sur la paix et la justice ; mais il ne put endiguer le nouveau flot de l'invasion arabe qui se répandit sur son pays. Il trouva la mort dans la bataille de Mems, près de Sbiba. Les Berbères (1), — nom donné à tous les peuples indigènes de cette région, — n'étaient toutefois pas domptés. La Kahéna, cette héroïne qui n'a point d'égale dans l'histoire africaine, les aurait délivrés de l'étranger, si l'ingratitude et la lâcheté ne s'étaient armées contre elle.

Après la Kahéna, les monts Aurès n'entendirent plus aucun écho de sa voix. L'indépendance de leurs habitants, jadis si vaillants, se changea en servilisme. Les conversions à l'islamisme se multiplièrent et la loi du Prophète ne compta plus que des fidèles tremblants agenouillés ou prosternés sous le cimeterre. Quelques-uns, moins oublieux du passé, eurent pendant les deux siècles qui suivirent encore quelque velléité d'autonomie, mais que pouvaient-ils contre les maîtres du Maghreb ? Puis le silence se fit dans les cœurs.

Pas tout à fait, pourtant, car il y eut encore, le feu couvant toujours sous la cendre, des éclairs d'incendie à certaines époques. On vit, sous la dynastie des Fatimites, un réveil des montagnards des Aurès, quand, rangés sous les ordres du fanatique Aben-Sezid (*l'homme à l'âne*, ainsi appelé à cause de sa monture), ils se ruèrent sur la plaine avec les Zeisatas, ses prosélytes, et firent un carnage de leurs adversaires religieux et de leurs dominateurs musulmans. Ce ne fut qu'une courte période de résurrection d'une cause à laquelle il aurait fallu un apôtre plus entendu à l'art de la guerre et des partisans plus disciplinés. L'homme à l'âne eut le sort des autres libérateurs des Aurès. Après cinq années de guerres il paya son audace de son sang.

Ces Zeisatas, héritiers des traditions héroïques, les perdirent de vue pour aller fonder des royaumes à Tlemcen et à Fez, en établissant des colonies à l'occident de leurs montagnes. Leur émigration permit à des tribus inconnues auparavant, les Ouled-Abdi, les Ouled-Daoud et les Chaouia, de se fixer dans les Aurès, tandis qu'eux-mêmes, mêlés aux révolutions et aux guerres de l'Afrique du Nord, s'épuisaient progressivement.

Alors, à travers les siècles, les montagnards, s'affranchissant des Turcs en leur payant un tribut insignifiant, s'enferment dans leurs gorges et défilés comme en des ouvrages de défense inexpugnables et se dérobent, autant qu'ils le peuvent, au contact avec le reste de la civilisation. Il n'est plus question d'eux, dans l'histoire algérienne, qu'au moment où Abd-el-Kader se présente aux Berbères et à tous les groupes épars des

l'ennemi et de guider lui-même l'armée musulmane à la rencontre de sa bienfaitrice. Les fils de la Kahéna, désespérant de la victoire, se rendirent avant la bataille et embrassèrent l'islamisme. La Kahéna attendit probablement l'armée musulmane au centre de ses montagnes, dans quelque guelaa où elle avait concentré tous ses moyens de défense. Le combat fut longtemps indécis, mais la supériorité du nombre donna la victoire aux Arabes. La Kahéna tomba glorieusement les armes à la main. Hassan eut la barbarie de décapiter son cadavre et d'envoyer sa tête au khalji de Bagdad. Avec cette femme héroïque succomba l'indépendance berbère. (Ernest FALLOT: *Par delà la Méditerranée.*)

(1) Une tribu cantonnée dans les Aurès porte, encore aujourd'hui, le nom de Beni-Barbar (fils de Barbars ou Berbères).

VUE GÉNÉRALE DE BISKRA.

indigènes comme le « Maître de l'Heure », prophète et capitaine alliant le génie de la guerre à celui de la diplomatie. C'est au lendemain du traité de la Tafna que les populations belliqueuses des Aurès, qui avaient donné asile au bey Ahmet, ennemi de la France, rentrent en scène, et, pendant plusieurs années, elles opposent une résistance énergique à nos meilleurs généraux. Le soulèvement cesse lorsque, en 1848, Ahmet est capturé avec sa smala sur les bords de l'oued El-Abiod. Mais il reprend, en 1849, aussitôt que Ben-Zian prêche dans toutes les oasis du Sahara la guerre sainte. Ben-Zian, retranché dans Zaatcha, tient pendant dix jours les Français en échec. La ville prise, il est fusillé. Mais son exécution ne désarme pas les habitants des Aurès. Canrobert ne vient à bout d'eux que par une répression des plus cruelles.

Ce n'était pas la dernière des insurrections. En 1871, les montagnards embrassent la cause d'El-Mokrani (1). Une colonne envoyée contre eux les réduit à l'impuissance. En 1879, nouvelle tentative d'indépendance qui a pour résultat le massacre de la population d'El-Hammam !... Tant il est vrai que la pacification de ces tribus remuantes n'a jamais été que factice. Les préjugés et les haines de races, obstacles séculaires à la confiance librement accordée, y ont sans cesse maintenu leur influence, et si l'ordre et la tranquillité y règnent, c'est que le canon et les baïonnettes les imposent. Aussi la civilisation française n'a-t-elle guère pénétré parmi ces populations turbulentes qui ont gardé leurs mœurs primitives, et, en dépit de la vivacité de leur intelligence, n'ont fait que très peu de progrès.

III

C'est que la paix n'existe pas vraiment lorsqu'elle n'a point jeté de racines dans l'âme même d'une nation, lorsqu'elle n'est pas le germe que fécondent des sentiments de reconnaissance envers ceux qui la sèment. Or, toute paix assise sur la conquête ne peut devenir durable que longtemps après que le conquérant aura fait oublier aux vaincus combien, pour les soumettre, il les a terrorisés. Ces montagnards des Aurès n'ont pas abdiqué leurs espoirs de vengeance contre des maîtres qui ont commencé par brûler leurs villages et par détruire leurs djemaas. Peut-être auraient-ils, grâce aux nouvelles institutions et à l'action de celles-ci, quoiqu'ils en soient inconscients, senti peu à peu que le nouvel état de choses était plus propre à favoriser leur bien-être matériel en supprimant les guerres continuelles qui ensanglantaient leurs montagnes, si les fautes commises dans l'organisation politique des Aurès et le rôle mal entendu des bureaux arabes ne les avaient fréquemment invités à des tentatives de rébellion, provoquées par l'impopularité des caïds ou par la facilité laissée aux marabouts de faire une œuvre subversive de prédication.

Adonnés à la vie agricole et pastorale, les derniers Berbères ne voient pas la mission civilisatrice de la France à leur égard. Ils ne comprennent pas que si leurs troupeaux ne sont plus razziés comme autrefois par leurs voisins, s'ils peuvent les laisser paître dans les vallées sans être obligés de se tenir eux-mêmes constamment sur le qui-vive pour repousser les

---

(1) Voir LANIER. Lectures géographiques : L'*Afrique* (*Algérie*), p. 133.

voleurs, si la protection qui les défend est efficace et leur permet de donner du développement aux ressources naturelles de leur pays; ils doivent en définitive tous ces avantages aux Roumis, aux Français. Mais d'autre part, — on ne saurait le nier, — l'administration française a, durant un demi-siècle, négligé les vraies réformes auxquelles dans ces régions elle aurait dû s'appliquer. M. Fallot, dans les études qu'il consacre à ce sujet au cours de son volume, dont on lira plus loin les intéressants extraits, a bien fait ressortir ce qu'il y aurait à entreprendre et ce qui n'a pas encore été accompli pour montrer, comme il le dit, par des faits matériels, à ces populations, que la France s'intéresse à leur prospérité. La colonisation des Aurès doit être avant tout et dans tous les sens une tâche de pénétration. Et celle-ci ne peut s'opérer que par un ensemble de moyens poursuivis à la fois dans un but d'utilité et dans une intention d'enseignement économique et moral.

Ouvrir non seulement des routes, mais aussi des écoles; prouver que les impôts ne sont pas un drainage indirect de la production du pays, mais qu'ils servent directement à faire progresser l'agriculture et à rendre l'existence plus sûre, plus aisée; donner cette preuve dans la pratique bien plus qu'en théorie; rendre par des travaux sagement combinés de canalisation, de routes, de reboisement, par des méthodes sincères d'assolement et d'amodiation la culture des terres, qui sont excellentes, plus propre aux riches moissons, en y mettant à l'œuvre les bras, sous la garantie d'une législation associant la sollicitude à la fermeté, tel est le programme qui se traçait logiquement à la France, dès qu'elle eut planté son drapeau sur les hauteurs des Aurès et établi des postes militaires dans les plaines.

Les Chaouia, qui sont maintenant le principal élément de population et le principal facteur de vie sociale, pourraient, si cette transformation s'était graduellement effectuée, — et le temps n'y a point manqué, — offrir aujourd'hui à la France une véritable ressource coloniale compensant les efforts faits pour cette région, l'argent dépensé, les sacrifices multipliés pendant les années écoulées. Est-ce là ce qui s'est réalisé? Qu'on interroge les statistiques pour avoir la réponse à cette question. Que l'on se rappelle les remarquables rapports sur l'Algérie présentés il n'y a pas dix ans à la Chambre des députés et au Sénat et qu'on en relise les conclusions. Les vices, les défauts, les erreurs de notre organisation coloniale en Algérie y sont mis sincèrement en relief, avec toute la rigueur d'un examen de conscience : insuffisance de réseaux ferrés, mauvaise répartition des crédits, insuffisance des postes et télégraphes, des barrages d'irrigation, de tous les travaux d'utilité publique; nécessité de réformer les mœurs en réagissant contre l'usure, de donner une assiette plus équitable aux charges des contribuables, d'inaugurer une politique de rapprochement et d'éducation, en cessant les persécutions religieuses qui poussent à la révolte et l'exploitation des douars qui ont pour conséquence fatale de les affamer et de les ruiner; urgence de répudier les mesures oppressives et de les remplacer par un régime d'apaisement.

« Quand on songe, disait il y a peu d'années, un membre éminent du Parlement, à ce que la France a concentré d'efforts sur sa colonie algérienne depuis soixante ans, quand on repasse en sa mémoire les hommes qu'elle y a dépensés, les millions qu'elle y a enfouis; quand on pense que depuis plus d'un demi-siècle, chaque année, la France a levé la dîme de son trop-plein de population, la dîme de son budget, la dîme de ses forces militaires et administratives, afin de fonder de l'autre côté de la Méditerranée, dans une situation unique au monde, une colonie, et qu'après tous ces efforts on voit reparaître cet éternel doute : Est-ce que notre colonie algérienne a réussi ? Ou notre entreprise ne serait-elle qu'un avortement ? Alors, je le répète, la question qui se pose est plus grande encore que toutes celles qui ont été envisagées ici. »

Peut-on affirmer qu'après ces éloquentes paroles, le problème, porté devant le Parlement, a été plus attentivement étudié, que tout soit aujourd'hui pour le mieux, et que les Aurès, pour ne parler ici que de cette partie de l'Algérie, n'aient plus rien à réclamer de la France ; que, sur les flancs herbeux du Chélia et du Sembella, ces sommets dominant le massif central des Hauts-Plateaux, les pâtres chaouias et berbères veillant sur leurs montures et leurs bœufs, n'ont plus qu'à bénir les Roumis et à redire les paroles de Tityre à Mélibée : *Deus nobis haec otia fecit.* — « C'est un dieu qui nous fit ce repos ! »

Charles SIMOND.

ARABE DE L'AURÈS.

LES GORGES D'EL-KANTARA.

LES MONTS AURÈS[1]

J'ai quitté Biskra ce matin; j'étais seul. M. J... qui m'a suivi depuis Ménerville, m'a laissé la nuit dernière pour retourner directement à Constantine. J'avais réussi à l'entraîner avec moi jusqu'à l'entrée du désert; mais la pensée de visiter les sauvages montagnes des Aurès n'a pu le séduire. Peut-être la perspective de renoncer pour quelques jours à tous les conforts de la civilisation et de goûter de la vie sauvage l'a-t-elle fait reculer. Quant à moi, j'ai hâte de voir l'indigène à l'état naturel avant qu'il ait subi le contact et l'influence des Européens. Le plaisir que me promet cette étude compensera amplement les petits désagréments inhérents à l'hospitalité rudimentaire dont je devrai me contenter. Ce n'est pas sans un réel sentiment de tristesse que j'ai pris congé d'un compagnon de route que le hasard m'avait offert et qui en peu de jours était devenu pour moi presque un ami.

Nous laissons la ville derrière nous et traversons l'oued à gué. Le chemin que nous suivons alors se confond avec celui de

[1] Ces pages sont empruntées à l'ouvrage intitulé : *Par delà la Méditerranée, Kabylie, Aurès, Kroumirie*, par Ernest FALLOT (Paris, Plon et Cie).

Chetma, et se dirige vers l'est à travers la plaine. Le vent d'est qui souffle avec violence soulève des tourbillons de poussière et me les chasse dans le visage, tandis qu'il pousse quelques nuages qui glissent comme des taches sombres sur la limpidité du ciel. La lumière est moins vive, le paysage me paraît plus triste.

Après avoir longé jusqu'auprès de Chetma la chaîne de collines qui depuis Biskra bornent la vue, nous tournons au nord-est, laissant l'oasis à droite. Nous entrons bientôt dans une région nouvelle : ce n'est plus la plaine saharienne; ce sont les dernières ondulations des Aurès qui viennent expirer ici. Ce pays est l'image exacte de la désolation. Après avoir franchi le ruisseau qui alimente Chetma, nous sommes sur un terrain tourmenté, bouleversé au delà de toute idée, raviné par les eaux, brûlé par le soleil, balayé par le vent du désert. La montagne vers laquelle je me dirige soutient un assaut terrible contre toutes les forces destructives de la nature. La pluie, le soleil et le vent agissent de concert et semblent s'être ligués pour l'anéantir. Sous l'action d'un soleil brûlant, le sol s'effrite, s'émiette de toutes parts; l'eau répandue par les orages entraîne les terres et en bien des endroits n'a plus laissé que le roc nu. Le vent du sud-est brûle de son haleine embrasée la maigre végétation. On croirait que la nature elle-même s'efforce de détruire son œuvre. Cependant c'est l'homme qui est le grand coupable; il a arraché à la montagne sa seule protection efficace : la forêt. Avec ce manteau tutélaire la pluie bienfaisante a disparu pour ne reparaître que sous forme de torrents d'eau qui balayent le sol sans le pénétrer. La végétation, qui n'est plus abritée contre les rayons d'un soleil trop ardent, ne trouve plus à se développer. En vain je promène ma lorgnette jusqu'aux limites de l'horizon, je ne puis découvrir ni un arbre ni un arbuste. A peine de loin en loin voit-on une maigre touffe d'alfa, ou bien une sorte de thym grisâtre moins clairsemé. Tels sont les effets effrayants du déboisement. Si l'on ne trouve pas un moyen pour arrêter cette invasion du désert qui progresse d'année en année, tous les contreforts méridionaux des Aurès seront devenus inhabitables dans un demi-siècle.

Vers dix heures, nous atteignons la petite oasis de Drau. Elle est placée au bord d'un ruisseau qui descend de la montagne et ne possède qu'une trentaine de maisons et environ quatre mille palmiers. Je mets pied à terre devant la demeure du cheik, qui m'invite à entrer et fort aimablement me fait les honneurs de chez lui. Il me reçoit dans une salle qui ne renferme qu'une sorte de divan en terre battue sur lequel sont étalés des tapis, ouvrage de ses femmes. Il porte suspendu au cou un chapelet aux grains de bois, qui indique qu'il est affilié à une confrérie religieuse. Je m'assieds pour prendre mon repas, et involontairement je sens mes jambes se replier sous moi à la mode arabe : cette posture qui nous étonne, nous qui sommes habitués à nous asseoir sur des fauteuils et sur des chaises, est, en somme, la plus naturelle et la plus commode quand on n'a d'autre siège que le sol. Le cheik fait placer devant moi du lait, et des dattes dont il me fait remarquer l'excellente qualité, et pour lesquelles il refuse énergiquement tout payement. Par l'intermédiaire de mon spahi nous engageons une conversation à bâtons rompus. Mon hôte m'apprend qu'il se nomme Si-Mohammed-ben-el-Hadj. Je lui demande de me faire visiter sa maison. Il me répond avec embarras qu'il regrette infiniment de ne pouvoir accéder à mon désir, mais que les convenances s'y opposent, car il est marié. Je n'ai garde d'insister; puisque je suis en pays musulman, il faut bien respecter les convenances musulmanes ! Si-Mohammed, comme compensation, me mène promener dans son jardin; il me fait admirer ses arbres fruitiers et me montre avec orgueil ses orangers et ses citronniers. Mais l'heure du départ arrive. Je remercie le cheik de son hospitalité, j'enfourche de nouveau ma monture, et la marche est reprise.

A mesure que nous gagnons du terrain dans la direction du nord-est, nous nous élevons; les mamelons entre lesquels passe le chemin font place à des collines et les collines aux montagnes. Mais la stérilité reste la même. Il ne faudrait pas croire cependant que cette aride et sauvage nature soit dépourvue de tout pittoresque. Les sommets que je laisse à droite et à gauche affectent parfois de ces formes étranges particulières aux ruines. Ici, ce ne sont pas des débris de constructions humaines; ce sont des montagnes effondrées.

Nous atteignons un cours d'eau que les indigènes appellent l'oued Sidi-Okba à cause de l'oasis qu'il rencontre plus au sud, mais qui n'est autre que l'oued el-Abiod. Pendant quelque temps, nous remontons son lit pierreux, planté de tamarins et de lauriers-roses. En face de nous, sur l'autre rive, se trouve la petite oasis de Habel. Le sentier quitte ensuite la rivière, s'élève sur une chaîne de collines et franchit un affluent secondaire. Du haut d'un plateau nous apercevons enfin, tranchant gaiement sur le fond terne du paysage, la verte ligne des palmiers de Mchounech. Il faut encore traverser la rivière à gué, et nous pénétrons dans l'oasis.

Ce mot d'oasis est populaire en Europe. Il évoque des images gracieuses et riantes que la poésie revêt de ses couleurs vagues et indécises. Mais pour apprécier à sa juste valeur ce que ce mot renferme de bien-être physique en même temps que de jouissances artistiques, il faut, après une longue marche au soleil et à la poussière du désert, pénétrer sous les fraîches arcades des palmiers, au milieu des champs et de la verdure, parmi les ruisseaux murmurants. La lumière tamisée à travers les branches perd son éclat fatigant, et le bleu du ciel prend un ton d'une douceur plus agréable aux yeux. Ici, les troncs serrés des palmiers font songer à des colonnades de cathédrales. Ce n'est plus un bois, comme à Biskra. c'est une véritable forêt aux troncs robustes et élancés.

Me voici dans le village, qui ressemble à tous ceux que l'on rencontre dans les oasis sahariennes. Ce sont les [mêmes maisons de forme cubique qui s'alignent de chaque côté des rues. Cependant, je suis déjà en pays chaouïa; les habitants, qui appartiennent à la tribu des Beni-Bou-Slimann, sont de la race des montagnards des Aurès.

Pendant que mes hommes chargent le mulet, je vais visiter la nouvelle *guelaa*, celle qui est actuellement en usage. Le fils du cheik me conduit à un bâtiment situé au-dessus du village et que

CARAVANE.

l'on prendrait pour une maison ordinaire plus grande que les autres. Nous franchissons le seuil, et, après avoir traversé une sorte d'allée couverte, nous nous trouvons dans une cour intérieure que le bâtiment enveloppe sur ses quatre faces. Les murs, à intervalles réguliers, sont percés d'ouvertures, à la fois portes et fenêtres, qui donnent accès dans de petits réduits bas et obscurs, superposés sur deux ou trois étages. C'est là que les habitants du village viennent entreposer leur récolte. Chaque propriétaire a la libre disposition d'un de ces magasins; il y enferme ses dattes ou ses grains, emporte sa clé et peut à volonté entrer ou sortir sa marchandise. Ceux qui occupent les étages y accèdent par le moyen le plus primitif : une simple poutre appliquée comme une échelle contre la muraille, au-dessous de leur porte, leur permet de pénétrer chez eux. Ce mode d'accès doit nécessiter une certaine agilité de la part de ceux qui sont obligés de l'employer. Toute la fortune publique ainsi renfermée dans un même bâtiment est placée sous la garde d'un homme de confiance qui veille continuellement pour empêcher les vols et qui perçoit

KAIRAN, SUR L'OUED-EL-ARAB (AURÈS)

un salaire proportionné à la quantité et à la valeur des marchandises dont il est responsable. Cette institution que l'on est tout surpris de rencontrer en pays barbare présente une analogie frappante avec le système de nos docks ou magasins généraux. Mais n'est-il pas étrange que, tandis qu'il représente dans nos grands ports maritimes, le dernier mot de la civilisation moderne, il fonctionne chez les Chaouïas depuis les siècles les plus reculés? Ici, la guelaa n'est pas un perfectionnement dont on se passerait au besoin; elle est la nécessité même. Tout village a sa guelaa, et sans guelaa il n'y a point de village. Autour d'elle se groupent les populations. se nouent les intérêts. C'est elle en réalité qui est le lien social, la raison d'être de la communauté. Aux époques troublées de l'histoire des Aurès, c'est une idée de sécurité générale et de défense commune qui a donné naissance à cette coutume qui nous étonne aujourd'hui. Elle a persisté à travers les siècles et elle est devenue la base même sur laquelle repose la société chaouïa.

De grand matin ma petite caravane s'est mise en marche.

En sortant de Mchounech on abandonne l'oued el-Abiod pour suivre le plateau qui sépare cette rivière de l'oued Abdi. J'aperçois de loin l'oasis de Béniam, qui a à peu près la même importance que celle que je viens de quitter, si l'on considère le nombre de ses habitants aussi bien que le nombre de ses palmiers. Le caractère du paysage est le même que celui d'hier : c'est toujours la même nature bouleversée, toujours les mêmes érosions, toujours la même aridité désespérante. Peu après le départ, je franchis le lit desséché d'une rivière qui s'est frayé une route profonde au-dessous du niveau du plateau, entre deux berges taillées à pic; c'est la *barranca* de l'Amérique espagnole. Au delà, le plateau pierreux recommence, monotone et nu. Je n'ai d'autre distraction que de regarder le cavalier qui me précède. Pour remplacer mon spahi d'hier, qui a dû retourner à Biskra, on m'a donné un homme de la deïra, garde des caïds indigènes. Avec son cheval efflanqué, sa selle rapiécée, son manteau noir en loques, le pauvre hère, qui conserve malgré sa misère je ne sais quel air de noblesse, me fait songer aux chevaliers errants du moyen âge.

Cependant le ciel se couvre, et subitement le temps devient menaçant. Un orage se prépare. Je presse ma monture dans l'espoir d'arriver avant la pluie au village prochain. Mais l'animal rétif s'obstine à conserver son pas de promenade. Bientôt l'orage éclate avec violence au-dessus de ma tête. Le tonnerre se fait entendre, la pluie tombe à torrents; la grêle se met de la partie. Malgré les rafales du vent nous avançons toujours, comptant à chaque tournant de la route apercevoir le village où nous trouverons un abri. Mais le chemin s'allonge indéfiniment et rien ne paraît. Voyant croître la tourmente, je prends le parti de laisser le mulet au guide et, pour aller plus vite, de continuer la route à pied. La grêle tombe avec fureur et couvre le sol d'un tapis blanc. Le tonnerre gronde sans interruption; les éclairs sillonnent le ciel dans tous les sens, semblables à de longs rubans de feu. Pas un seul abri dans l'immense plaine; pas même un arbre dans tout l'espace que la vue peut embrasser. Depuis une heure que je lutte contre la tempête, je sens mes forces s'épuiser; je fais appel a toute mon énergie pour accélérer encore le pas. Que deviendrai-je si le village est encore éloigné de plusieurs kilomètres? Tout à coup, au moment où je commençais à désespérer, à un détour du sentier, je vois le plateau finir brusquement à mes pieds. Je suis sur le bord d'une profonde dépression, au fond de laquelle coule un torrent. Sous ce ciel sombre, au milieu de ce paysage d'hiver, des palmiers chargés de frimas semblent frissonner de froid et de surprise. Accrochées aux parois du ravin, les maisons du village, ce village si désiré, se montrent enfin. Les toits, sur lesquels s'entassent les grêlons, sont recouverts du même linceul blanc qui s'étend partout sur la campagne. Ce paysage lugubre et désolé, apparu subitement devant mes yeux, à la lueur des éclairs, m'a vivement impressionné. C'est à peine si j'ai le temps d'y jeter un regard d'admiration, tant j'ai hâte de sentir un toit au-dessus de ma tête. Mais cette gorge sauvage, ces rochers escarpés, ce désert blanchi par la grêle, ces palmiers étonnés de se trouver dans un cadre semblable, resteront gravés dans ma mémoire en traits ineffaçables.

Dix minutes plus tard, confortablement installé sur une terrasse couverte, dans une maison des Ouled-Mimoun (1) vêtu de linge sec et chaudement enveloppé dans mon burnous, je savourais avec délices une tasse de café bouillant. Devant moi, comme un décor de théâtre, se montrait la gorge, dont le blanc manteau, par le seul effet de la température, disparaissait progressivement. A droite et à gauche, sur les toits des maisons, des femmes grelottant sous leur mince robe bleue, travaillaient à balayer la grêle fondante, et s'arrêtaient par moments pour jeter de mon côté un regard étonné et curieux.

L'orage a pris fin, la pluie elle-même a cessé. L'heure est venue de remonter sur mon mulet. Je jette un dernier regard sur ce paysage superbe que je ne reverrai certainement jamais tel qu'il vient de m'apparaître. A cet instant, le soleil, perçant les nuages, vint éclairer la scène et lui donner un aspect tout nouveau. O magie du soleil africain, dont la lumière transfigure un site en y versant tout l'or de ses rayons!

Une dernière chevauchée m'amène à El-Arich, où j'ai fixé mon étape. Ce petit village, que la carte de l'état-major n'indique pas, ne compte que cent cinquante habitants. Il est bâti sur un plateau au pied de l'Ahmar-Kaddou et domine la rive gauche de l'oued El-Abiod. Ici, plus d'oasis; une douzaine de palmiers seulement, dernier souvenir du Sahara, et de maigres champs d'orge. On est sorti de la région désertique et l'on atteint la limite de celle des productions agricoles. Les maisons, de même qu'à Mchounech,

(1) Ce point est désigné sous le nom de Khanget-Habia sur la carte du cercle de Biskra.

sont construites en pierre, bien que cimentées avec de la boue, seule espèce de mortier connue des maçons du pays. Elles ressembleraient à celles de Kabylie, si ce n'était la toiture, qui n'est pas recouverte en tuile. Elles présentent même un avantage sur

OASIS DE L'AURÈS.

ces dernières; ici, l'écurie est placée sous un hangar, dans la cour qui précède l'habitation.

II

Nous nous remettons en marche en remontant le cours de la rivière que nous abandonnons bientôt pour suivre un de ses affluents, l'oued Chennaoura, qui continue la même direction nord-est, et que l'on prendrait pour la prolongation du cours d'eau principal. L'oued El-Abiod, au contraire, vient du nord-ouest à travers la célèbre gorge de Tiraniminn.

La plaine s'élargit à mesure que l'on s'éloigne d'El-Arich. Les cultures commencent à reparaître, mais elles ne s'éloignent guère des rives de l'oued. C'est l'eau et non pas la terre qui manque. Si

ENTRÉE DE L'OASIS.

l'on savait mieux utiliser le torrent, l'aménager avec plus d'intelligence, on obtiendrait certainement des récoltes plus abondantes. Tout le long de la route, nous croisons des cheiks, en costume officiel, qui ont accompagné le gouverneur jusqu'aux limites de leur commandement et qui retournent chez eux. J'échange avec eux un salut ou une poignée de main, puis je continue à remonter la vallée. Près du petit village d'El-Ksur, mes hommes me montrent en passant un cimetière qui n'aurait pas attiré mon attention, sauf peut-être par ses dimensions hors de proportions avec l'importance de la population de la localité. On m'apprend que c'est là que les Beni-Bou-Slimann de toutes les fractions et de tous les villages viennent ensevelir leurs morts.

Une courte marche m'amène à Tkout, que la carte de l'étatmajor appelle par erreur Skouts. C'est un grand village de deux cent cinquante habitants, construit sur une hauteur qui domine la vallée et le cours de la rivière. Les maisons sont bien construites et à plusieurs étages. Les habitants montrent avec orgueil un réservoir où des travaux de captage amènent l'eau d'une source voisine. Ils ont raison d'être fiers de ce pauvre bassin qui leur permet d'arroser leurs champs tout alentour et accroît leurs récoltes. Tkout possède en outre un monument bien rare en pays chaouïa : c'est une petite mosquée sans aucun caractère architectural, qui date, mè dit-on, de trois cents ans. Elle est surmontée d'un minaret élevé. On accède à la plate-forme par un étroit escalier aux marches branlantes. De cette hauteur, on jouit d'une vue assez étendue sur la vallée de l'oued Chennaoura. On me fait visiter ensuite les guelaas. Elles présentent la même disposition que dans les autres villages. Je remarque cependant cette différence qu'ici les primitives échelles dont j'ai parlé sont remplacées par une étroite galerie en bois, sans rampe, qui monte aux étages en plan incliné, le long des murs, et tient lieu d'escalier. Le village a quatre guelaas. Une seule est occupée par les habitants sédentaires. Les trois autres servent d'entrepôts à diverses fractions de la tribu, qui passent la plus grande partie de l'année dans la montagne. Tkout est le centre le plus important de la tribu après Mchounech.

J'ai quitté Chennaoura ce matin à six heures. C'est le dernier village des Beni-Bou-Slimann. La principale richesse de la tribu consiste en moutons (elle en possède plus de douze mille) et en chèvres, qui atteignent le chiffre de trente mille. On trouve aussi chez elle quelques chevaux, quelques bœufs et un millier de mulets.

On m'avait annoncé une longue journée de marche pour atteindre El-Adjudj. J'ai pu constater combien peu les indigènes ici se rendent compte des distances : quelques heures ont suffi pour m'amener au but. La route remonte d'abord la plaine de Chennaoura au milieu de buissons de genévriers. Bientôt des chênes verts rabougris se montrent de loin en loin. A Humbella, près d'une habitation isolée, la première que je rencontre depuis que j'ai pénétré dans les Aurès, on me montre un groupe de vieux arbres au pied desquels se trouve ce petit rectangle formé de pierres posées les unes contre les autres qui, en pays musulman, indique une tombe. On m'apprend que les Beni-Bou-Slimann de la montagne, lorsqu'ils transportent leurs morts au cimetière d'El-Kseur, s'arrêtent à cet endroit pour y passer la nuit. Combien de cortèges funèbres ont dû s'abriter sous ces rameaux vénérables !

Plus loin, le sentier s'élève par des lacets fort raides sur les pentes du mont Zalatou, que j'ai à franchir pour gagner l'oued El-Abiod. Ce nom de Zalatou ne serait-il pas une corruption de Zénatou et un souvenir des Zénatas, qui ont jadis occupé le pays jusqu'au jour où ils ont été rejetés au delà du Chélia ? Quelques chênes verts par-ci par-là constatent que la montagne tout entière a été boisée. Mais ces derniers témoins de l'antique forêt, maltraités par les passants, disparaîtront sans doute à leur tour, abandonnant le sol à toutes les influences climatériques. Le sentier devient de plus mauvais à mesure qu'on s'élève. Il aboutit enfin au col de Teniet-el-Beïda (le col blanc), d'où l'on aperçoit la vallée de l'oued El-Abiod, fermée de l'autre côté par une chaîne de montagnes élevées, où se remarquent les deux sommets du Djebel-Lazreug et du Djebel-Moudji, le dernier avec sa crête recouverte d'une étroite bande de neige. On redescend l'autre versant au milieu d'une forêt de pins et de chênes verts. C'est un véritable plaisir de contempler enfin de beaux arbres après l'affligeante nudité du pays que je viens de traverser. Malheureusement, ici aussi, la dévastation commence. A chaque instant on voit des troncs magnifiques morts de vieillesse et tombés à côté de la route, où ils pourrissent sans profit pour personne. L'orage a fait des victimes parmi ces existences végétales si utiles à l'homme. Mais les indigènes ne sont certainement pas étrangers à l'éclaircissement maladroit de certains massifs. Il appartient au gouvernement de prendre d'énergiques mesures pour arrêter le mal; sinon, encore quelques années et la forêt entière aura disparu.

En descendant la pente de la montagne, le guide me montre El-Adjeudj sur le versant opposé. Je cherche un moment avec ma lorgnette avant de distinguer le village, dont les maisons basses, plates et couleur de terre, se confondent avec le sol. Le chemin est complètement défoncé par les dernières pluies. Par prudence autant que pour hâter ma marche, je laisse mon mulet et je pars en avant. Une fois dans la plaine, je suis arrêté par l'oued El-Abiod, qui me barre la route. Le village est en face, et point de pont pour traverser. Mon guide me tire d'embarras; il entre bravement dans l'eau en retroussant son burnous, m'installe sur ses épaules et me dépose sur l'autre rive. Une dernière montée sur une pente rocheuse, et je me trouve devant une maison indigène, remarquable par ses dimensions seules, que l'on me désigne comme la demeure du caïd des Ouled-Daoud.

III

En route pour le Chélia ! Le guide chaouïa ouvre la marche; je le suis; derrière moi vient Lachmi, qui porte les vivres nécessaires pour la journée. Nous traversons d'abord un joli bois de

DUNES DE SABLES.

chênes verts, puis nous nous élevons sur des croupes gazonnées, semblables à celles que l'on rencontre à chaque instant dans les Alpes. Dans chaque pli de la montagne coulent des torrents d'eau glacée que nous franchissons sur des pierres. Bientôt nous rencontrons quelques flaques de neige que le soleil n'a pas encore fondues. Nous grimpons ainsi de sommets en sommets. La neige augmente à mesure que nous nous élevons et finit par recouvrir la montagne entière de son blanc tapis. Jusqu'ici aucun incident ne s'est produit; aucune difficulté réelle ne s'est présentée. Mais voici tout à coup Lachmi qui hésite. Mon Arabe, en sa qualité de Saharien, voit de la neige pour la première fois. Cela n'a fait d'abord que l'étonner; mais à mesure que la couche blanche s'épaissit, je ne sais quelle frayeur inexplicable le saisit. Ses pieds mal protégés par ses babouches ouvertes s'enfoncent avec terreur dans cette matière inconnue; on dirait que le froid de la neige brûle sa chair. Il ne tarde pas à s'arrêter et à demander grâce. Il y aurait cruauté de ma part à exiger qu'il me suive plus longtemps; je lui ordonne d'aller m'attendre à la limite des neiges, et je continue mon chemin seul avec mon guide.

UN NOMADE.

Nous atteignons ainsi le sommet pointu du Siloubella couronné de cèdres magnifiques qui secouent les flocons accrochés à leurs branches. En face, mais hélas ! plus haut encore, resplendit aux rayons du soleil le Chélia drapé dans son immaculé manteau d'argent. Malgré la fatigue qui commence à me gagner, j'avance toujours. Le sommet radieux qui brille devant mes yeux m'attire avec une puissance étonnante; je veux l'atteindre ! Il faut redescendre la pente du Siloubella pour gravir en face le flanc ardu du Chélia. Au fond de la gorge, le panorama est admirable. De tous côtés, à perte de vue, s'étendent d'immenses champs de neige sur lesquels se joue l'éclatante lumière du soleil. Les flancs escarpés des montagnes se hérissent d'énormes cèdres dont les branches plient sous le givre. Rien ne peut donner une idée de la grandeur magistrale de ce paysage désolé. L'Afrique est vraiment la terre des contrastes, le pays de l'imprévu. A côté des immenses plaines brûlantes du Sahara que je viens de quitter à peine, voici les grandes Alpes avec leurs blancs sommets et leurs champs de neige. Il est vrai que cet aspect surprenant du paysage ne durera pas longtemps. Déjà les chauds rayons du soleil, précurseurs de l'été qui s'approche, fondent la neige de toutes parts. Du haut des cèdres, des cascades de glace tombent sur le sol avec un bruit de fusillade.

Mais ce commencement de fonte des neiges est précisément pour moi un obstacle de plus. A mesure que je m'élève sur le dernier pic, l'épaisseur de la neige augmente, et, comme la couche extérieure en fusion n'est plus assez forte pour supporter le poids du corps, j'enfonce maintenant jusqu'aux genoux. Pour être certain d'éviter les mauvais pas, je n'ai qu'à suivre exactement les traces de mon guide chaouïa. Il faut le voir bondir légèrement de rocher en rocher et courir sur la neige comme il le ferait sur une allée sablée. Toujours sûr de lui-même, il avance sans se tromper d'une ligne, sans faire le plus petit détour que ne commande pas la nature du terrain. Par moment, il s'arrête une minute pour secouer la neige qu'ont retenue les semelles d'alfa tressé qui constituent sa chaussure, puis il repart alerte et léger comme au départ. Ce descendant des antiques Lybiens (je remarque en effet qu'il a les cheveux roux) me donne la plus haute idée de cette race énergique, robuste et dure à la fatigue comme la race kabyle, mais ayant je ne sais quoi de plus souple et de plus fin. Que ne feront pas de tels hommes, quand ils seront gagnés à la civilisation !

Un dernier effort, et voici le sommet. Ce n'est pas sans un sentiment de triomphe que je pose le pied sur cette cime, que l'on m'avait représentée comme inaccessible dans cette saison. L'audacieux, qui a bravé tous les obstacles pour l'atteindre, est, certes, payé bien au delà de sa peine : la moitié d'un continent est à ses pieds. Il domine toute l'Algérie. D'un seul coup d'œil il embrasse une étendue immense de pays. De l'est à l'ouest, la chaîne principale des Aurès dessine ses sinuosités, depuis le Djebel-Bézez, couvert de neige, jusqu'aux dernières élévations qui, se confondant avec les ramifications secondaires, vont se terminer vers El-Kantara. Au sud, et prenant une direction fortement occidentale, les divers contreforts aux flancs arides et déboisés, le Chechar, l'Ahmar-Kaddou, la chaîne du Moudji et du Lazreug, dont les sommets principaux conservent une légère couche blanche, s'élèvent comme des murs entre les vallées de l'oued El-Arab, de l'oued El-Abiod et de l'oued Abdi, et masquent malheureusement la vue du Sahara. Au nord, les grandes plaines vertes du Krenchela et d'Aïn-Beïda, sont fermées par un cercle de montagnes que dominent à l'horizon d'autres montagnes plus élevées. Vers l'est, on voit étinceler, comme deux boucliers d'argent d'inégale grandeur, les chotts des Hauts Plateaux. Plus loin encore et dans cette direction, apparaissent, dans un lointain bleuâtre, les montagnes de la Tunisie. Du côté du midi, des nuages amoncelés s'élèvent au-dessus du désert, et par l'opposition de leur masse ombreuse, donnent au bleu du ciel cette nuance sombre si bien rendue par Fromentin dans quelques-uns de ses tableaux.

Le Chélia est le point culminant de l'Algérie tout entière. Haut de deux mille trois cent vingt mètres, il ne l'emporte que de quelques mètres sur le Lella-Khédidja de Kabylie. Son altitude, que j'emprunte à la carte de l'état-major, a été trouvée exacte, à deux ou trois mètres près, par la brigade géodésique qui a opéré l'automne dernier dans ces parages. Sur ce sommet même, où elle a séjourné longtemps, elle a laissé, comme trace de son passage, une cabane en pierres, qui est aujourd'hui enterrée sous la neige, et un immense signal en bois, visible de très loin, et que les montagnards contemplent avec admiration.

Mais le nuage que j'ai remarqué vers le sud grossit et s'approche d'une manière inquiétante. C'est un orage qui menace. Mon guide me fait comprendre par signes qu'il n'est pas prudent de nous arrêter plus longtemps sur ces hauteurs, et qu'il faut nous hâter de regagner la plaine avant le mauvais temps. Impossible de songer à prendre un repos nécessaire. Encore un long regard promené sur tout le cercle de l'horizon, et en route de nouveau.

J'ai déjà observé dans d'autres ascensions de montagnes que sur les pentes très roides la descente est plus pénible encore que la montée : si la respiration devient plus aisée, les muscles des jambes sont soumis à une tension plus considérable. Je renouvelle aujourd'hui l'expérience. Arrivé dans la gorge qui sépare le Chélia du Siloubella, je me sens défaillir. Je n'ai plus, pour me soutenir, la volonté d'atteindre le but. Mes forces m'abandonnent et je tombe accablé sur un rocher qui émerge au milieu du champ de neige. Je suis terrassé par la fatigue et le manque de nourriture, car je suis à jeun depuis la veille et je m'aperçois que le soleil commence à décliner. Je me rends compte alors de l'imprudence que j'ai commise ce matin en laissant mes vivres entre les mains de mon Arabe. Mais comment la réparer à présent ? Je me sens incapable d'atteindre la limite de la région des neiges où je trouverai de quoi me réconforter et réparer mes forces. Un seul moyen s'offre à moi : envoyer mon guide à la recherche des vivres et l'attendre à l'endroit où me cloue la fatigue. Mais la difficulté est de lui expliquer mes intentions. Il ne parle pas le français, je parle encore moins le chaouïa; comment arriver à s'entendre? Essayons de parler par gestes. Je ne me serais jamais attribué une semblable éloquence dans le langage des signes. Quoi qu'il en soit, je constate que mon guide paraît avoir saisi; je le vois filer de toute la vitesse dont il est capable dans la direction de Siloubeila et disparaître derrière la montagne.

UNE RUE DE LAMBÈSE.

Le dernier effort que je viens de faire a achevé de m'épuiser. Je retombe sur mon rocher, perdant même le sentiment de l'existence. Le froid n'a pas tardé à me rappeler à moi. Il me semble que je me réveille, et je suis tout surpris, en ouvrant les yeux, de me trouver seul au milieu de l'immense plaine blanche dans le grand silence de ce paysage polaire. Le nuage qui nous avait effrayés s'est heureusement dissipé; le ciel est redevenu clair. Le sentiment de la solitude absolue dans ce désert glacé a je ne sais quoi de poignant. Si mon guide n'avait pas compris mes ordres?... S'il lui plaisait d'oublier le Français, le chrétien qui lui a demandé ce matin de le conduire au Chélia!... Que m'arriverait-il alors! Qui est, après tout, ce sauvage que j'ai rencontré par hasard et entre les mains de qui j'ai remis mon sort? Cette pensée me fait frisson-

DÉFILÉ DE TIRANIMINN (AURÈS).

ner. Je tente un suprême effort pour me traîner dans la direction de la plaine ; mais au bout de quelques pas je retombe épuisé sur la neige. Il ne me reste donc plus qu'à attendre... A la grâce de Dieu !

Combien de temps ai-je attendu ? Je ne saurais le dire. Enfin, sur le blanc sommet du Siloubella, où mon œil se fixe obstinément, un point noir apparaît, se mouvant avec rapidité. Un cri traverse l'air : c'est mon fidèle Chaouïa. Le pain, la viande et le vin qu'il m'apporte m'ont bientôt réconforté au point de me permettre de reprendre ma route vers Médina.

Cette fois, nous descendons la montagne par le versant méridional. Nous atteignons la plaine au col de Tizougarinn, simple pli de terrain qui sépare le bassin de l'oued El-Arab de celui de l'oued El-Abiod. Ce col qui a cependant une certaine importance comme ligne de partage des eaux et comme limite des territoires de deux tribus ennemies, les Ouled-Daoud et les Oudjana, n'est pas mentionné par la carte de l'état-major. Cette carte indique, par contre, au nord-ouest du Chélia, une montagne du même nom, complètement inconnue dans le pays. Il serait temps que le service topographique du ministère de la guerre publiât une carte exacte des Aurès.

Je rentre, épuisé de fatigue, dans le mauvais gourbi où je vais passer la nuit.

Après avoir traversé du sud au nord la magnifique plaine de Médina, on franchit un dos de terrain peu élevé qui joue le rôle de col entre le bassin de l'oued El-Abiod et celui de l'oued Taga. On rencontre ensuite un affluent de ce dernier cours d'eau, l'oued Amachera. C'est une vraie fête pour les yeux, après avoir suivi pendant plusieurs jours le lit à peine humide des rivières du versant méridional des Aurès, de se trouver enfin en présence d'un véritable cours d'eau coulant à pleins bords entre deux rives ombragées. Le sentier traverse une belle forêt de chênes verts, moins endommagée que celles que j'ai déjà parcourues, mais qui aurait besoin, elle aussi, de la protection des gardes forestiers. On s'aperçoit bien vite qu'on a passé d'une région dans une autre. Sur les rives désolées de l'oued El-Abiod on sentait le voisinage du désert. Ici, on respire une fraîcheur délicieuse; les yeux se reposent agréablement sur la verdure des prairies : c'est la montagne telle qu'on la voit en Europe. Un peu plus bas, la vallée s'élargit et la rivière mêle ses eaux à celles de l'oued Tahammamt, qui vient de l'Est. Le confluent forme une charmante petite plaine environnée de montagnes. A mes pieds la rivière coule fraîche et verdâtre. Le fond de la vallée est tapissé de pâturages verdoyants, tandis que l'horizon est fermé par une chaîne de montagnes boisées de cèdres au sombre feuillage que dominent deux blancs sommets du Chélia, resplendissant au soleil sous le ciel bleu. C'est un vrai paysage suisse, charmante surprise pour le voyageur qui sort du Sahara.

Je m'arrache à regret de cette contemplation pour aller visiter un peu plus loin un champ de pierres mégalithiques. Ce sont de petits menhirs dressés en lignes régulières sur un plateau rocheux et dénudé qui domine la rive gauche de la rivière. Un certain nombre ont été renversés et jonchent le sol de tous côtés.

Quelques minutes de marche me mènent au village de Tob, pittoresquement situé au milieu d'une gorge et sur une arrête de rochers grisâtres avec laquelle ses maisons basses se confondent. Mon guide me conseille de m'arrêter ici pour déjeuner dans une maison demandée au premier indigène venu. Je préfère continuer ma route jusqu'à l'entrée du défilé de Foum-Ksantina. J'y arrive après avoir traversé une verte vallée que les montagnes ferment de leur ceinture, et dans laquelle on ne peut pénétrer, que l'on vienne de la plaine ou, comme moi, du centre du massif, que par deux étroits défilés. On s'explique sans peine que cette sorte de vestibule des Aurès ait été choisi par les Chaouïas en 1879 pour arrêter l'armée française. Cette forte position, véritables Thermopyles, que des troupes européennes auraient défendue sans difficulté, fut enlevée par nos soldats après un court combat. Les habitants de Tob, en punition de l'appui qu'ils ont prêté à l'insurrection, ont vu placer sous séquestre une partie des terres de leur fertile vallée, où s'élèvera dans quelques années un village français.

L'oued Tahammamt, qui arrose la plaine, vient se heurter au nord à une barre rocheuse au milieu de laquelle il a dû se frayer un passage par une déchirure violente. La gorge de Foum-Ksantina, qui est la porte d'entrée des Aurès, avec ses murailles de rochers jaune d'ocre aux formes bizarres, est une minuscule réduction du Chabet, dont elle n'a pas l'étendue, l'ampleur des formes et la grandeur magistrale des contours. Je m'installe à l'entrée, au bord même de la rivière, et je prends mon frugal déjeuner, au milieu de la prairie verdoyante, en contemplant les belles montagnes de l'horizon par dessus lesquelles deux pics neigeux montrent leur tête blanche.

Pour redescendre dans la plaine, il faut traverser l'oued Taga, dont le lit encaissé et sauvage longe, comme celui de l'oued Tahammamt, auxquels il va mêler ses eaux à quelque distance, la base du Bou-Drias. Je franchis d'un bond le torrent impétueux entre deux rochers usés et polis par les eaux. Il faut maintenant remonter le cours pour se rapprocher de sa source. L'oued Taga, en effet, court de l'ouest à l'est au pied des flancs déboisés du Ras-Enchoura, qui appartient à la chaîne principale des Aurès. Après avoir reçu les eaux qui lui viennent de Foum-Ksantina, il tourne brusquement au nord et va se jeter, sous le nom d'oued Chemora, dans un chott près de Madeur. Le bassin de ce fleuve appartient donc aux hauts Plateaux. La plaine, dans cette saison, couverte de prairies, mais qui doit être brûlée par le soleil durant l'été, s'étend au loin vers le nord. On rencontre quelques rares indigènes le long de la route, et deux ou trois pauvres petits villages indiquent seuls que le pays est habité. On ne peut s'empêcher de regretter que des terrains propices à la culture soient aussi peu utilisés. Cependant l'histoire montre ce que les Romains avaient su faire de cette région, et les ruines peu éloignées de la grande ville de Timgad, que j'ai le regret de ne pouvoir visiter, sont la preuve visible de la possibilité d'une colonisation sérieuse.

Quelques collines peu élevées se dressent maintenant sur la droite, resserrant de plus en plus la vallée, qui devient aussi plus

KRANGA SIDI NADJI (AURÈS). — MAISON DU CAÏD.

verdoyante. On arrive ainsi dans la plaine où l'oued Taga prend sa source. Sur une hauteur apparaît au milieu d'un massif de verdure le bordj qui emprunte son nom à la rivière. A l'extrémité d'un terrain planté d'arbres fruitiers et entouré d'une muraille, on distingue un groupe de bâtiments aux murs percés de meurtrières, dont l'aspect est moitié militaire et moitié agricole. Un vieillard arabe vêtu d'un riche burnous gris vient à ma rencontre et me souhaite la bienvenue. Il lit rapidement la lettre que je lui remets, et m'invite à entrer.

V

La nuit est vite passée, le sommeil aidant, et, dès l'aube, je suis debout, prêt à prendre la route de Batna, où j'ai hâte d'arriver.

FEMME ARABE DES TRIBUS DE L'AURÈS.

Le caïd me prête, pour aller plus vite, son meilleur mulet, sa monture favorite, à la selle recouverte en peau de panthère. Aujourd'hui, ma caravane s'est accrue de plusieurs voyageurs indigènes qui se rendent également à Batna; elle se compose d'une suite de cinq mulets. Le beau sexe ne fait pas entièrement défaut. Je remarque qu'un des serviteurs du bordj mène en croupe une femme en robe bleue et voile blanc, avec de grandes boucles d'oreilles comme on en porte dans les Aurès. Ma nouvelle compagne de voyage est en effet une Chaouïa d'El-Adjeudj. Elle a épousé, il y a quelques années, un indigène de Chetma, aux environs de Biskra, qui vient de mourir laissant à sa veuve cent palmiers : une fortune. Après un séjour dans sa famille, elle retourne aux Ziban, en passant par Batna.

Nous traversons une magnifique forêt de chênes verts, en bon état de conservation, cette fois, et je constate avec satisfaction que le service forestier est à l'œuvre. Plus de ces arbres à moitié renversés, plus de ces troncs pourris, tombés en travers du chemin. La forêt est vigoureuse, et je salue avec plaisir des arbres énormes. Pendant plus de dix kilomètres, on est sous bois ou tout au moins environné de bois. Parfois on traverse de vastes clairières misérablement cultivées par les indigènes.

A droite de la route, près d'un ruisseau franchi à gué, je m'arrête pour regarder un curieux monument mégalithique. Trois pierres, représentant exactement la forme d'un encadrement de portes et posées sur une sorte de grossier piédestal, se dressent au milieu d'un champ. C'est ce que les savants appellent une trilithe, forme assez rare des monuments préhistoriques.

L'abondance des ruines qui jonchent la terre de tous côtés signale l'approche de Lambèse. Ce ne sont que fûts de colonnes renversées, que vieilles pierres émergeant au milieu des champs ou rejetés sur les bords des chemins.

Bientôt se montre dans la plaine un vaste bâtiment entouré de hautes murailles; c'est le pénitencier. Je mets pied à terre devant la porte et me fais annoncer au directeur, qui me reçoit avec amabilité et se met immédiatement à ma disposition pour me faire visiter les monuments romains. Il me promène d'abord dans son jardin, que ses prédécesseurs et lui ont transformé en un musée d'antiques. Statues et fragments de toutes sortes, recueillis dans cet inépuisable champ de découvertes qui s'appelle le territoire de Lambèse, ont trouvé sous les arbres du jardin du pénitencier un abri contre les mutilations de passants ignorants et animés d'un inexplicable besoin de destruction. Une longue inscription contient toute l'histoire d'un officier romain qui, chargé de construire une route aux environs de Djidjelli, fut enlevé par des bandits et ne recouvra sa liberté qu'après mille péripéties et mille dangers : un véritable roman d'aventures gravé sur la pierre, qui s'est passé dans les premiers siècles de l'ère chrétienne. En sortant du pénitencier, nous croisons une troupe de condamnés qui rentrent en rangs d'une corvée, leurs outils sur l'épaule, sous la conduite de plusieurs gardiens armés de fusils; ils saluent respectueusement leur directeur.

Nous arrivons bientôt en face du Prætorium On reste saisi d'admiration devant la majestueuse grandeur de cet édifice. Je cherche à le reconstituer par la pensée tel qu'il était avant les injures des Vandales. Je me le représente debout dans toute sa splendeur à l'entrée de la ville militaire, à l'extrémité des quatre larges voies qui venaient se croiser sous ses portiques imposants. Quelle splendide entrée ce devait être pour une grande cité! Plus qu'aucun autre, le peuple romain a eu le sentiment profond de la grandeur architecturale. C'est sous ses voûtes effondrées que le *légat impérial, propréteur de la province d'Afrique*, rendait la justice du haut de son siège judicial, entouré des licteurs qui portaient ses faisceaux, dans tout l'appareil de la puissance romaine. On lui amenait les malheureux qui depuis des mois languissaient dans les cachots voisins, et d'un mot il décidait de leur sort. Ces cachots, sortes de caves sans air et sans lumière, font songer au classique Tullianum de Rome, où Vercingétorix et tant d'autres nobles vaincus terminèrent misérablement une glorieuse carrière. Plus loin, sont les restes des Thermes. On distingue très nettement les étuves qui servaient pour les bains de vapeur, les piscines et enfin la salle d'attente, rendez-vous de la haute société de Lambèse. En arrière du Prætorium s'étendait la ville militaire, entièrement séparée de la ville civile. Derrière les remparts, dont on voit encore de loin en loin quelques vestiges, étaient les cantonnements de la fameuse IIIe légion Auguste, qui avait conquis la province sur les barbares et élevé de ses mains tant de splendides monuments. Elle y avait son quartier général; ce qui faisait de Lambèse le centre militaire et politique de la Numidie.

Vers le sud, sur une hauteur, se trouvait la cité civile. Au centre de l'emplacement qu'elle occupait, des fouilles récentes ont mis au jour les restes assez bien conservés du forum. C'est avec une émotion réelle que mes regards s'arrêtent sur la tribune aux harangues, entourée de ses colonnes corinthiennes encore debout. Des souvenirs classiques, depuis longtemps oubliés, assaillent mon esprit. J'évoque par la pensée la foule des citoyens qui se pressait dans l'enceinte dont les restes à moitié démolis indiquent encore le pourtour, et l'orateur à la toge flottante qui cherchait à soulever le peuple par son éloquence. Plus loin, je visite les ruines du temple d'Esculape; on me montre l'autel et la chapelle où se faisaient porter les malades qui venaient chercher la guérison dans le sanctuaire du dieu. Ailleurs, une porte de la ville subsiste presque intacte encore, avec ses trois ouvertures, les deux extrêmes pour les piétons, celle du centre, plus large, destinée à donner passage aux lourds chariots qui ont laissé leurs ornières sur le dallage de la voie.

Tout en descendant les pentes de la colline, je songe à cette vie antique qui fut ici si intense et qui s'est évanouie depuis des siècles, à ce monde romain qui avait accompli sur cette terre d'Afrique des choses si prodigieuses et dont il ne reste plus que quelques pierres. Je ne puis m'empêcher de regretter cette civilisation brillante, bien que corrompue, qui n'a disparu que pour faire place à l'islamisme, c'est-à-dire à l'anarchie, à la destruction et au désert. Mais je lève les yeux, et à mes pieds je vois des maisons, des boulevards, des champs cultivés; c'est la Lambèse moderne, qui ne fait que de naître au souffle puissant du génie de mon pays, mais qui grandit déjà, grâce à l'indomptable énergie de mes compatriotes! Je ne sais quel patriotique orgueil s'empare de moi. La France a repris en Afrique l'œuvre de Rome.

Ernest Fallot.

ARABE SE RENDANT AU MARCHÉ.

www.ingramcontent.com/pod-product-compliance
Lightning Source LLC
Chambersburg PA
CBHW060602050426
42451CB00011B/2045